CADERNO DE ATIVIDADES

3

Organizadora: Editora Moderna

Obra coletiva concebida, desenvolvida e produzida pela Editora Moderna.

Editora Executiva:
Mara Regina Garcia Gay

NOME: ....

....TURMA: ....

ESCOLA: ....

....

1ª edição

© Editora Moderna, 2019

Elaboração de originais:

Diana Maia de Lima
Mestre em Educação Matemática pela Pontifícia Universidade Católica de São Paulo. Licenciada em Matemática pela Fundação Santo André. Editora.

Renata Martins Fortes Gonçalves
Mestre em Educação Matemática pela Pontifícia Universidade Católica de São Paulo. Especialista em Gerenciamento de Projetos (MBA) pela Fundação Getulio Vargas de São Paulo. Bacharel em Matemática com ênfase em Informática pela Fundação Santo André. Editora.

Mara Regina Garcia Gay
Bacharel e licenciada em Matemática pela Pontifícia Universidade Católica de São Paulo. Professora em escolas públicas e particulares de São Paulo, por 17 anos. Editora.

Coordenação editorial: Mara Regina Garcia Gay
Edição de texto: Ofício do Texto Projetos Editoriais
Assistência editorial: Ofício do Texto Projetos Editoriais
Leitura técnica: Patrícia Felipe
Gerência de *design* e produção gráfica: Everson de Paula
Coordenação de produção: Patricia Costa
Suporte administrativo editorial: Maria de Lourdes Rodrigues
Coordenação de *design* e projetos visuais: Marta Cerqueira Leite
Projeto gráfico: Adriano Moreno Barbosa, Daniel Messias, Mariza de Souza Porto
Capa: Bruno Tonel
  Ilustração: Raul Aguiar
Coordenação de arte: Wilson Gazzoni Agostinho
Edição de arte: Teclas Editorial
Editoração eletrônica: Teclas Editorial
Coordenação de revisão: Elaine Cristina del Nero
Revisão: Ofício do Texto Projetos Editoriais
Coordenação de pesquisa iconográfica: Luciano Baneza Gabarron
Pesquisa iconográfica: Ofício do Texto Projetos Editoriais
Coordenação de *bureau*: Rubens M. Rodrigues
Tratamento de imagens: Fernando Bertolo, Joel Aparecido, Luiz Carlos Costa, Marina M. Buzzinaro
Pré-impressão: Alexandre Petreca, Everton L. de Oliveira, Marcio H. Kamoto, Vitória Sousa
Coordenação de produção industrial: Wendell Monteiro
Impressão e Acabamento: NB Impress
Lote 781.344
Cod 12117870

Dados Internacionais de Catalogação na Publicação (CIP)
(Câmara Brasileira do Livro, SP, Brasil)

Buriti plus : matemática : caderno de atividades / organizadora Editora Moderna ; obra coletiva concebida, desenvolvida e produzida pela Editora Moderna ; editora executiva Mara Regina Garcia Gay. — 1. ed. — São Paulo : Moderna, 2019.

Obra em 5 v. para alunos do 1º ao 5º ano.

1. Matemática (Ensino fundamental) I. Gay, Mara Regina Garcia.

19-24816   CDD-372.7

Índices para catálogo sistemático:
1. Matemática : Ensino fundamental 372.7

Maria Alice Ferreira — Bibliotecária — CRB-8/7964

ISBN 978-85-16-11787-0 (LA)
ISBN 978-85-16-11788-7 (LP)

Reprodução proibida. Art. 184 do Código Penal e Lei 9.610 de 19 de fevereiro de 1998.
Todos os direitos reservados
EDITORA MODERNA LTDA.
Rua Padre Adelino, 758 – Belenzinho
São Paulo – SP – Brasil – CEP 03303-904
Vendas e Atendimento: Tel. (0_ _11) 2602-5510
Fax (0_ _11) 2790-1501
www.moderna.com.br
2023
Impresso no Brasil

1 3 5 7 9 10 8 6 4 2

CARO(A) ALUNO(A),

Fizemos este *Caderno de Atividades* para reforçar e explorar ainda mais seus conhecimentos em Matemática.

Aqui você vai encontrar atividades variadas, distribuídas em oito unidades, da mesma forma que no seu livro.

No início de cada unidade, na seção **Lembretes**, há um resumo dos pontos principais, e, no fim, há a seção **Quebra-cuca**, para você se divertir enquanto aprende. Confira!

Os editores

Sumário

Unidade 1 Sistema de numeração decimal

Lembretes 5
Tema 1 • Números
Tema 2 • Sequências
◉ Compreender informações 11
◉ Quebra-cuca 12

Unidade 2 Adição e subtração

Lembretes 13
Tema 1 • Adição e subtração
Tema 2 • Algumas estratégias de cálculo
Tema 3 • Mais adição e mais subtração
◉ Compreender informações 25
◉ Quebra-cuca 26

Unidade 3 Grandezas e medidas

Lembretes 27
Tema 1 • Medindo o tempo
Tema 2 • Sistema monetário brasileiro
◉ Compreender informações 34
◉ Quebra-cuca 35

Unidade 4 Localização e movimentação

Lembretes 36
Tema 1 • Localização
Tema 2 • Movimentação
◉ Compreender informações 40
◉ Quebra-cuca 41

Unidade 5 Multiplicação

Lembretes 42
Tema 1 • Lista de multiplicações
Tema 2 • Situações de multiplicação
◉ Compreender informações 57
◉ Quebra-cuca 57

Unidade 6 Geometria

Lembretes 58
Tema 1 • Figuras geométricas não planas
Tema 2 • Figuras geométricas planas
◉ Compreender informações 70
◉ Quebra-cuca 70

Unidade 7 Mais grandezas e medidas

Lembretes 71
Tema 1 • Comprimento e área
Tema 2 • Massa e capacidade
◉ Compreender informações 78
◉ Quebra-cuca 78

Unidade 8 Multiplicação e divisão

Lembretes 79
Tema 1 • Multiplicação
Tema 2 • Divisão
◉ Compreender informações 94
◉ Quebra-cuca 95

Lembretes

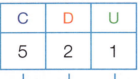

Sistema de numeração decimal

Sistema de numeração decimal

Algarismos: 0 1 2 3 4 5 6 7 8 9

10 unidades = 1 dezena   10 dezenas = 1 centena

C	D	U
5	2	1

↳ 1 unidade
→ 2 dezenas ou 20 unidades
→ 5 centenas ou 50 dezenas ou 500 unidades

521 = 500 + 20 + 1

Lemos ▶ quinhentos e vinte e um

O número 1000 – o milhar

1 milhar = 1 mil = 10 centenas = 100 dezenas = 1 000 unidades

Maior que ou menor que

- 876 > 534
  Lemos: 876 é **maior que** 534.
- 2 451 < 2 863
  Lemos: 2 451 é **menor que** 2 863.

Números de quatro algarismos

2 356 ▶ 2 356 = 2 000 + 300 + 50 + 6

2 3 5 6
→ 6 unidades
→ 5 dezenas ou 50 unidades
→ 3 centenas ou 30 dezenas ou 300 unidades
→ 2 unidades de milhar ou 20 centenas ou 200 dezenas ou 2 000 unidades

Lemos: dois mil trezentos e cinquenta e seis.

Milhares inteiros

1 mil	1 000	mil
2 mil	2 000	dois mil
3 mil	3 000	três mil
4 mil	4 000	quatro mil
5 mil	5 000	cinco mil
6 mil	6 000	seis mil
7 mil	7 000	sete mil
8 mil	8 000	oito mil
9 mil	9 000	nove mil

cinco

O número 1000

1. Escreva em cada caso quanto falta para completar 1 milhar.

   a) 9 centenas ▶ _____ centena ou _____ unidades

   b) 80 dezenas ▶ _____ dezenas ou _____ unidades

   c) 997 unidades ▶ _____ unidades

2. Ligue um quadro da esquerda a um da direita para formar 1 000.

3. Leia e marque com X as respostas certas.

   Todos os dias uma fábrica produz 1 000 carrinhos. Hoje, já produziu 600 carrinhos. Quanto falta para ela completar a produção diária de carrinhos?

   ☐ 4 centenas.
   ☐ 4 dezenas.
   ☐ 4 unidades.
   ☐ 40 dezenas.
   ☐ 40 centenas.

Milhares inteiros

1. Complete o quadro.

Número com algarismos	1 000	3 000		5 000	
Número por extenso			seis mil		nove mil

2. Observe o gráfico e responda às questões.

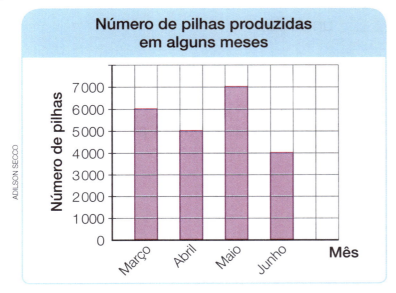

a) Em qual mês foram produzidas mais pilhas? Quantas foram produzidas?

_____

b) Em qual mês foram produzidas menos pilhas? Quantas foram produzidas?

_____

3. Complete.

a) 3 milhares = __30__ centenas = _____ dezenas = _____ unidades

b) 5 milhares = _____ centenas = _____ dezenas = _____ unidades

c) ____ milhares = _____ centenas = _____ dezenas = __6 000__ unidades

d) 9 milhares = _____ centenas = _____ dezenas = _____ unidades

Números de quatro algarismos

1. Complete as decomposições.

   a) 4879 ▸ __4__ unidades de milhar, _____ centenas, _____ dezenas e _____ unidades

   4879 = [4000] + [   ] + [   ] + [   ]

   b) 6407 ▸ _____ unidades de milhar, _____ centenas, _____ dezena e _____ unidades

   6407 = [   ] + [   ] + [   ] + [   ]

2. Associe corretamente as informações das duas colunas para que representem o mesmo número.

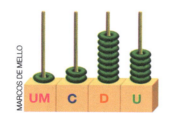

6000 + 400 + 20 + 5 =

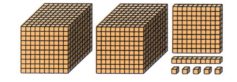

2115

SUPERMERCADO DA VILA
1285

UM	C	D	U
6	4	2	5

3. Componha cada número e escreva como se lê.

   a) 1 unidade de milhar, 7 centenas, 9 dezenas e 5 unidades ▸ _____

   Lemos: _____

   b) 7 unidades de milhar, 8 dezenas e 4 unidades ▸ _____

   Lemos: _____

Maior que ou menor que

Tema 1 | Números

1 Pinte de vermelho o menor número de cada grupo e de amarelo o maior.

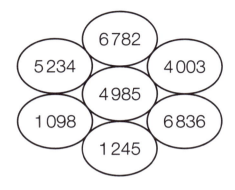
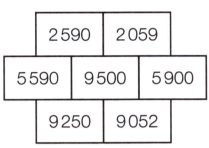
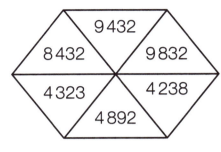

2 Complete com > (maior que) ou < (menor que).

a) 1 324 _____ 1 224

b) 3 456 _____ 3 956

c) 7 527 _____ 8 931

d) 4 571 _____ 4 569

3 Cláudia e Marcelo colecionam selos. Cláudia tem 1 695 selos e Marcelo tem 1 654 selos. Se Cláudia der 20 selos para Marcelo, com quantos selos cada um ficará? Quem terá a maior quantidade de selos?

Cláudia ficará com _____ selos e Marcelo ficará com _____ selos. Cláudia terá _____ selos que Marcelo.

4 Escreva em cada caso o número pedido.

a) O maior número de 4 algarismos terminado em cinco. _____

b) O menor número de 4 algarismos terminado em cinco. _____

c) O maior número de 4 algarismos terminado em dois zeros. _____

d) O menor número de 4 algarismos. _____

nove **9**

Tema 2 | Sequências

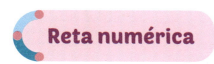

1. Complete as retas numéricas de acordo com as regras.

   a) Os números aumentam de 3 em 3 unidades.

   b) Os números aumentam de 15 em 15 unidades.

   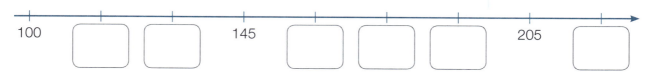

   c) Os números aumentam de 40 em 40 unidades.

   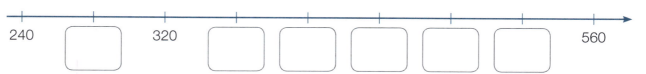

2. Observe as sequências e classifique cada uma em crescente ou decrescente.

3. Descubra a regra e complete as sequências decrescentes.

   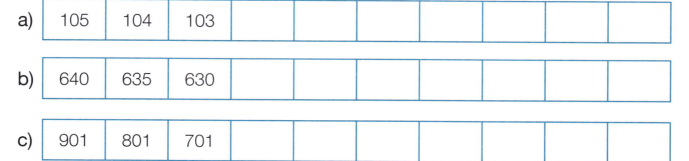

Compreender Informações

Após um semestre de aulas, a professora fez um levantamento do número de livros que cada aluno de sua turma leu nesse período.

Veja o gráfico com os 4 alunos que leram mais livros:

Agora, veja o gráfico com os 4 alunos que leram menos livros:

Então, responda:

a) Qual aluno (ou aluna) leu mais livros? Quantos livros?

_____

b) Qual aluno (ou aluna) leu menos livros? Quantos livros?

_____

c) Quem leu 20 livros nesse semestre? E 2 livros?

_____

d) Fernanda é uma aluna dessa turma, mas ela não aparece nos gráficos, pois não ficou entre os que mais leram nem entre os que menos leram. Escreva um número de livros que Fernanda pode ter lido.

_____

Quebra-Cuca

Casais dançantes

Três casais dançavam em um salão de festas. Cada pessoa dançava de frente para o seu par. Durante uma das músicas, o garoto de roupa vermelha, que estava ao lado da garota de roupa azul, falou: "Engraçado, ninguém está dançando com um parceiro com roupa da mesma cor."

Com base nessa informação, descubra quais são os casais e ligue-os.

Qual é o número?

Guilherme pensou em um número de 4 algarismos. Leia as informações e descubra o número em que ele pensou.

Esse número está entre 5 300 e 5 500.

O número termina em zero.

A soma dos algarismos desse número é 18.

Lembretes

UNIDADE 2 — Adição e subtração

Adição com reagrupamento

Cálculo por decomposição

45 ▶ 4 dezenas e 5 unidades
17 ▶ (+) 1 dezena e 7 unidades
_____
5 dezenas e 12 unidades ou
6 dezenas e 2 unidades ▶ 62

Cálculo com algoritmo usual

```
  1                    1 1
  4 5                  3 4 5
+ 1 7                + 1 6 8
-----                --------
  6 2                  5 1 3
```

Subtração com reagrupamento

Cálculo por decomposição

43 ▶ (−) 4 dezenas e 3 unidades ▶ (−) 3 dezenas e 13 unidades
15 ▶ 1 dezena e 5 unidades ▶ 1 dezena e 5 unidades
_____
2 dezenas e 8 unidades ▶ 28

Cálculo com algoritmo usual

```
  3                    3                  4 12
  4̶ 13                3 4̶ 16             5̶ 3̶ 14
- 1 5                - 1 1 8            - 2 4 5
-----                --------           --------
  2 8                  2 2 8              2 8 9
```

treze 13

Tema 1 | Adição e subtração

Situações de adição e de subtração

1 Observe na tabela a seguir a quantidade de camisetas e de blusas, nas cores vermelha e azul, compradas por uma loja. Depois, responda às questões.

Quantidade de camisetas e blusas compradas

Cor → / ↓ Roupa	Vermelha	Azul
Camisetas	14	23
Blusas	42	35

a) Quantas camisetas foram compradas no total?

_____

b) E quantas blusas foram compradas no total?

_____

c) Quantas blusas foram compradas a mais que camisetas?

_____

2 Observe o número de passageiros nos voos que partiram do Aeroporto de Confins (Minas Gerais) durante um mês.

a) Quantos passageiros havia a mais no voo para São Paulo, se comparado ao voo para Vitória?

_____

b) Quantos passageiros havia a menos no voo para Brasília, se comparado ao voo para Vitória?

_____

Voos partindo de Confins-MG (out./2016)

Voo para	Total de passageiros
São Paulo-SP	578
Brasília-DF	515
Vitória-ES	557

Tema 2 | Algumas estratégias de cálculo

Cálculo mental e estimativas

1 Usando o arredondamento para a centena mais próxima, calcule o resultado das operações.

a) 258 ▸ ☐
   321 ▸ + ☐
   ———
   ☐

b) 734 ▸ ☐
   380 ▸ − ☐
   ———
   ☐

2 Resolva os problemas por estimativa.

a) Sueli encomendou 160 brigadeiros, 110 beijinhos e 130 cajuzinhos para sua festa de aniversário. Quantos docinhos, aproximadamente, ela encomendou no total?

No total, Sueli encomendou, aproximadamente, _____ docinhos.

b) Maurício tinha alguns selos e ganhou outros 121 de seu pai. Então, passou a ter 518 selos. Quantos selos, aproximadamente, Maurício tinha inicialmente?

Maurício tinha, aproximadamente, _____ selos.

3 Responda e explique como você pensou.

a) Na operação 313 + 235, o resultado poderia ser menor que 500?

_____

_____

b) Na operação 425 − 215, o resultado poderia ser menor que 100?

_____

_____

quinze 15

Decomposição e algoritmo usual para adição

1 Calcule por decomposição o resultado da adição.

273 ▶ ____ centenas, ____ dezenas e ____ unidades

(+)

514 ▶ ____ centenas, ____ dezena e ____ unidades

____ centenas, ____ dezenas e ____ unidades ▶ ____

2 Calcule o resultado de cada adição.

a) 2 4 7
  + 3 5 1

b) 4 2 5
  + 2 3 2

c) 7 9 4
  + 1 0 3

d) 6 3 7
  + 3 4 1

3 Veja como Amanda calculou a adição 115 + 98 e encontrou 285 como resultado.

Observe os cálculos feitos e encontre o erro.

```
115 + 98

 100      10      5      190
+ 90     +80     +0     + 90
 190      90      5        5
                         285
```

16 dezesseis

Decomposição e algoritmo usual para subtração

Tema 2 | Algumas estratégias de cálculo

1. Compare os números do retângulo e escreva nas estrelas em quantas unidades o número maior ultrapassa o menor.

a) 525 e 214

c) 365 e 244

b) 978 e 658

d) 786 e 423

2. Calcule por decomposição o resultado da subtração.

364 ▶ ____ centenas , ____ dezenas e ____ unidades

−

241 ▶ ____ centenas , ____ dezenas e ____ unidade

____ centena , ____ dezenas e ____ unidades ▶ ____

3. Um dos cálculos a seguir está errado. Encontre o erro e indique-o.

○ 289 − 175 = 114
200 − 100 = 100
80 − 70 = 10
9 − 5 = 4
○   114

○ 289 − 175 = 314
     289
   − 175
     314
○

dezessete 17

Adição com reagrupamento

1 Calcule o resultado de cada adição.

a)
  3 4
+ 2 8
────

b)
  5 7
+ 1 6
────

c)
  6 5
+ 1 5
────

d)
  5 3
+ 3 9
────

e)
  5 5
+ 2 9
────

2 Observe a ilustração e responda às questões.

a) Quantos livros há ao todo na estante? _____

b) Se fossem colocados mais 15 livros na estante, quantos livros seriam ao todo? _____

3 Helena é artesã e faz colares para vender. Ontem, no período da manhã, ela fez 35 colares e, no período da tarde, fez 57. Quantos colares Helena fez ontem?

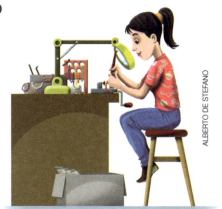

Helena fez _____ colares ontem.

18 dezoito

Tema 3 | Mais adição e mais subtração

4 Calcule o resultado de cada adição.

a)
```
   1 3 2
 + 3 1 9
```

c)
```
   2 8 6
 + 1 4 0
```

b)
```
   2 4 7
 + 5 7 1
```

d)
```
   3 6 2
 + 4 9 8
```

5 Resolva o problema.

"Puxa, foram 156 calças e 118 blusas! Quantas peças já pendurei ao todo?"

Ao todo, já pendurei _____ peças.

6 A tabela mostra o número de alunos matriculados em uma escola no período da manhã e da tarde.

Número de alunos matriculados

Período	Número de alunos
Manhã	214
Tarde	276

• Ao todo, quantos alunos foram matriculados nos dois períodos?

_____

dezenove 19

7 Observe o gráfico e responda à questão.

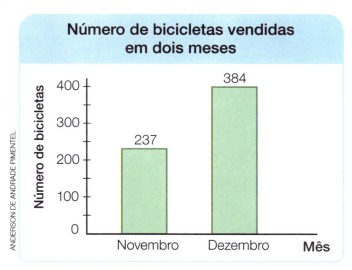

Ao todo, quantas bicicletas foram vendidas nesses dois meses?

_____

8 Leia a informação da placa. Em seguida, leia os balões de fala de Gérson e verifique qual afirmação está correta.

A única afirmação correta é a de número _____.

Subtração com reagrupamento

Tema 3 | Mais adição e mais subtração

1. Calcule o resultado de cada subtração.

a) 8 2
   − 6 3
   ─────

b) 7 6
   − 3 8
   ─────

c) 9 0
   − 2 6
   ─────

d) 6 1
   − 3 5
   ─────

2. Resolva os problemas.

a) Lara tinha 50 reais e gastou 27 reais na farmácia. Com quantos reais Lara ficou?

Lara ficou com _____ reais.

b) Daniela ganhou 37 reais de seu pai e 25 reais de sua mãe. Com esse dinheiro, ela quer comprar um jogo que custa 70 reais. Ela conseguirá comprar o jogo? Quanto sobrará ou faltará?

_____

c) Antes de sair de casa, Leandro tinha 65 bolinhas de gude. Brincou com seus amigos e, ao chegar em casa, contou suas bolinhas e descobriu que havia apenas 47 bolinhas de gude. Quantas bolinhas de gude Leandro perdeu?

Leandro perdeu _____ bolinhas de gude.

vinte e um

3) Calcule o resultado de cada subtração.

a) 8 2
  − 6 3
  ☐

b) 7 6
  − 3 8
  ☐

c) 9 0
  − 2 6
  ☐

d) 6 1
  − 3 5
  ☐

4) Qual é a soma de uma adição cujas parcelas são 572 e 349? _____.

5) Responda à questão.

Em uma subtração, o minuendo é 346 e a diferença é 168. Qual é o subtraendo?

O subtraendo dessa subtração é _____.

6) Em uma partida de videogame, cada jogador deve levar bolinhas numeradas para dentro de um tubo, no qual fica registrada sua pontuação. Quando uma bolinha cai no tubo, o número marcado nela é reduzido da pontuação do jogador. A figura mostra a última bolinha que caiu no tubo de cada jogador. O vencedor foi aquele que terminou com menos pontos.

Quem venceu a partida? _____

Tema 3 | Mais adição e mais subtração

7 Resolva os problemas.

a) Uma ONG está fazendo campanha para arrecadar brinquedos. Ontem foram arrecadados 526 brinquedos e hoje foram arrecadados 349. Quantos brinquedos a ONG arrecadou ontem a mais que hoje?

_____

b) Adriana foi ao mercado com 174 reais. Ela comprou alguns produtos e voltou para casa com 85 reais. Que quantia Adriana gastou no mercado?

Adriana gastou _____ reais no mercado.

8 Uma escola serve iogurtes e pudins como sobremesa na merenda de seus alunos. O consumo mensal desses alimentos está indicado no gráfico. Quantos iogurtes são consumidos a mais que pudins por mês?

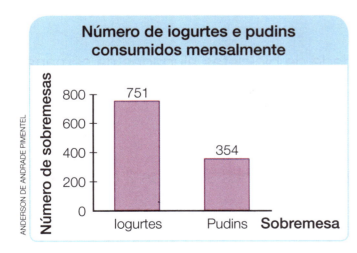

São consumidos _____ iogurtes a mais que pudins por mês.

vinte e três 23

Problemas de adição e de subtração

Tema 3 | Mais adição e mais subtração

1. Um desenhista fez 288 ilustrações para o primeiro volume de uma revista. Para o segundo volume, ele fez 87 ilustrações a menos.

   a) Quantas ilustrações ele fez para o segundo volume? _____

   b) Ao todo, ele fez mais ou menos do que 500 ilustrações? _____

2. Uma empresa de aluguel de bicicletas fez um gráfico com os dados de empréstimos das últimas semanas:

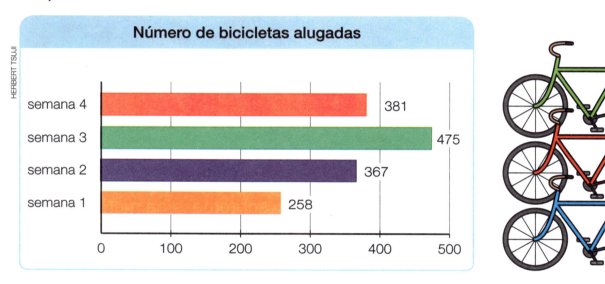

Responda:

a) Qual é a diferença entre a quantidade de bicicletas alugadas na semana 4 e na semana 1? _____

b) Quantas bicicletas foram alugadas, ao todo, nas semanas 2 e 3? _____

Compreender informações

Em uma segunda-feira, a professora perguntou aos seus 30 alunos o que tinham feito de mais interessante no final de semana. Cada um podia escolher apenas uma opção.

Veja na tabela as votações: cada X indica a escolha de um aluno.

Atividade no final de semana	Nº de escolhas
Fiquei em casa	X X X X X
Pratiquei um esporte	X X X X X X X
Fui à casa de parentes	X X X X X X X X X X
Fui ao cinema	X X X X
Fui a um museu ou exposição	X X X X

Complete o gráfico, considerando os dados dessa tabela, e, em seguida, responda às questões.

a) Qual é a diferença de votos entre a atividade mais escolhida e a menos escolhida? _____

b) Quantos alunos NÃO escolheram a opção "Pratiquei um esporte"? Explique como você chegou à resposta. _____

vinte e cinco 25

Balança de pratos

A balança de pratos abaixo está em equilíbrio. Os números indicam a massa de cada pesinho. Se tirarmos 3 gramas de um lado e colocarmos do outro lado, qual será a diferença entre as massas dos dois pratos?

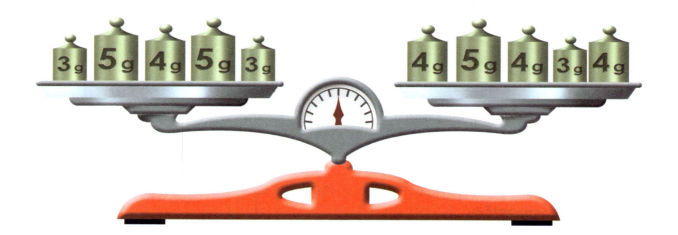

A diferença entre as massas dos dois pratos será de _____ gramas.

Pilha de números

Descubra qual é a regra e complete a pilha com os números que estão faltando.

Lembretes — UNIDADE 3 — Grandezas e medidas

Dia, hora e minuto

Indicamos:

- 1 hora por 1 h
- 1 minuto por 1 min

1 h = 60 min

1 min = 60 s

No relógio analógico, o ponteiro das horas dá 2 voltas completas em um mesmo dia. Quando ele marca 6 horas, pode indicar manhã ou tarde. Já alguns relógios digitais marcam 6 horas e 18 horas, indicando, respectivamente, os horários da manhã e da tarde.

Cédulas e moedas

vinte e sete 27

Hora e meia hora

1. Complete as frases com "mais" ou "menos" em cada caso.

   a) Para preparar um bolo de chocolate, demoro _____ de meia hora.

   b) Para tomar banho, levo _____ de uma hora.

   c) Para escrever meu nome, demoro _____ de meia hora.

   d) Para ter um bom descanso, durmo _____ de uma hora.

2. Relacione os relógios com a hora correta.

   A

   Oito e meia.

   B

   Meio-dia e meia hora.

   C

   Sete horas.

   D

   Duas horas.

3. Veja o relógio a seguir.

   Escreva o horário que esse relógio está marcando.

   _____

Tema 1 | Medindo o tempo

A hora e o minuto

1. Complete.

   a) Um período de 2 dias corresponde a _____ horas.

   b) Metade de um dia corresponde a _____ horas.

2. Sabrina dá aulas de artesanato em 3 dias da semana. Observe o quadro e responda.

Dia da semana	Período
Segunda-feira	das 9 h e 15 min às 10 h e 30 min
Quarta-feira	das 14 h às 15 h e 15 min
Sexta-feira	das 13 h às 14 h e 30 min

   - Quantas horas de aula Sabrina dá nesses 3 dias ao todo? _____

3. O jogo de futebol entre as equipes Olímpicos e Galáticos começou às 16 horas e 10 minutos. A equipe Olímpicos fez um gol aos 24 minutos do 1º tempo. Aos 45 minutos, o juiz apitou o fim do 1º tempo. Após 15 minutos de intervalo, o jogo reiniciou e, aos 13 minutos do 2º tempo, os Galáticos marcaram um gol. A que horas os Galáticos marcaram seu gol?

O gol foi marcado às _____ horas e _____ minutos.

vinte e nove 29

4. Escreva o horário que cada relógio está marcando.

_____   _____   _____   _____

5. Os relógios a seguir mostram diferentes horários em um mesmo dia. Quantos minutos se passaram entre um horário e outro, em cada caso?

a)
Antes	Depois
9:30	13:00

Passaram-se _____ minutos.

b)
Antes	Depois

Passaram-se _____ minutos.

6. Escreva em cada relógio digital o horário que está marcado no relógio de ponteiros ao seu lado. Atenção: os horários foram registrados depois do meio-dia.

a)

c)

b)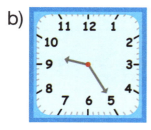

d)

Minuto e segundo

1 No nosso cotidiano, o tempo é muito importante. Forme dupla com um colega e pensem em exemplos de diferentes atividades que levem aproximadamente os tempos indicados.

1 minuto	1 segundo	30 minutos	30 segundos
_____	_____	_____	_____

2 Sem fazer cálculos escritos, preencha os espaços com "maior que", "menor que" ou "igual a".

a) 142 segundos é _____ 4 minutos.

b) 10 minutos é _____ 600 segundos.

c) 1 minuto é _____ 10 segundos.

d) 120 segundos é _____ 5 minutos.

3 Uma máquina produz, a cada 10 segundos, 100 parafusos. Preencha a tabela com a quantidade de parafusos produzidos de acordo com o tempo de funcionamento da máquina.

Tempo	Parafusos produzidos
10 segundos	100
20 segundos	_____
30 segundos	_____
1 minuto	_____
2 minutos	_____

trinta e um 31

Cédula de 2 reais e moeda de 1 real

1. Para cada par de opções, assinale onde há **mais** dinheiro:

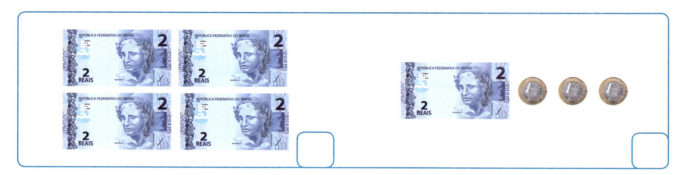

2. Vera guardou apenas moedas de 1 real em seu cofrinho e trocou todas por cédulas de 2 reais.

Veja com quantas cédulas ela ficou:

Então, quantas moedas de 1 real ela tinha? Como você descobriu?

_____

Tema 2 | Sistema monetário brasileiro

Mais cédulas do real

1. Augusto tinha em sua carteira as cédulas a seguir.

Ele comprou os seguintes produtos.

Desenhe as cédulas e/ou moedas que ele recebeu de troco.

2. Na tabela, veja o preço de alguns materiais escolares. Ao lado de cada um, desenhe cédulas de 50, 20, 10, 5 ou 2 reais, de forma a utilizar a menor quantidade de cédulas para compor o preço.

trinta e três 33

Compreender Informações

Um clube de esportes oferece vagas para várias modalidades. Veja nas tabelas a seguir as vagas oferecidas e as inscrições feitas no 1º dia.

Vagas oferecidas no 1º dia

Modalidade	Nº de vagas
Atletismo	35
Ginástica artística	25
Tênis	30
Basquete	40
Judô	45

Inscritos no 1º dia

Modalidade	Nº de inscritos
Atletismo	32
Ginástica artística	25
Tênis	28
Basquete	39
Judô	38

Analise as tabelas e responda:

a) Qual é a modalidade que ofereceu mais vagas? _____

b) Qual é a modalidade que teve mais inscritos no 1º dia? _____

c) Em alguma modalidade acabaram as vagas no 1º dia de inscrição? Como você concluiu? _____

d) Complete a tabela a seguir, considerando que as vagas não preenchidas no 1º dia foram oferecidas no 2º dia.

Vagas oferecidas no 2º dia

Modalidade	Número de vagas
Atletismo	
Ginástica artística	
Tênis	
Basquete	
Judô	

Quebra-Cuca

O enigma dos ovos

Descubra os números que faltam nos ovos enfileirados observando o esquema e as pistas.

Pistas
- Em cada ovo, há um número de 1 a 9.
- Cada número escrito nos ninhos é a soma dos números correspondentes às fileiras de ovos horizontais ou verticais.

Que bolo bom!

Nádia fez um bolo, marcando o tempo com duas ampulhetas (relógio de areia). Leia as anotações que descrevem o procedimento de Nádia e descubra quanto tempo esse bolo ficou no forno.

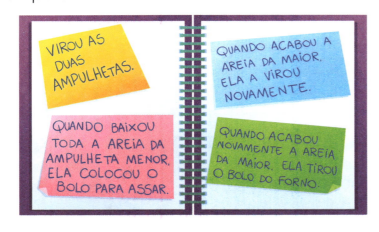

Ampulhetas

 22 minutos para baixar toda a areia

 14 minutos para a areia cair totalmente

O bolo ficou _____ minutos no forno.

Lembretes

UNIDADE 4 — Localização e movimentação

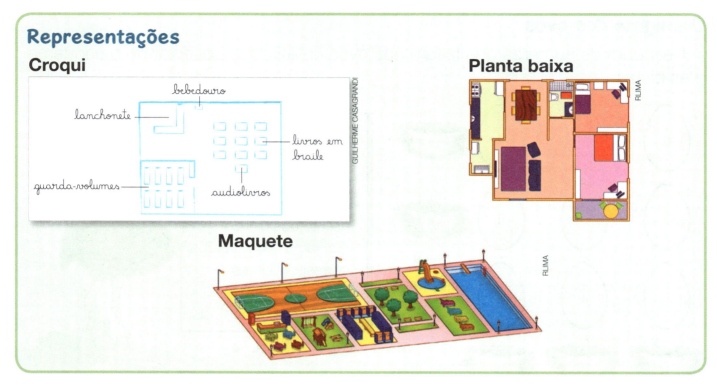

Coordenadas na malha quadriculada

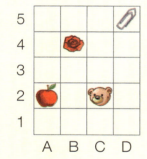

- A2 indica a localização da maçã, pois está na coluna A e na linha 2.
- A rosa está na coluna B e na linha 4, portanto, sua localização é B4.
- Assim, podemos dizer que a localização do ursinho de pelúcia é C2 e a do clipe é D5.

Caminhos e trajetos

Se observarmos a coluna B e a linha 3, encontraremos a esquina da Avenida São Paulo com a Rua Itapeva. Então, dizemos que a localização dessa esquina no mapa está em B3.

36 trinta e seis

Tema 1 | Localização

Representações

Uma clínica odontológica tem três pavimentos. Veja como é a planta baixa do pavimento térreo:

Responda:

a) Descreva os tipos de salas existentes no andar térreo dessa clínica.

_____

_____

b) Se o 1º andar e o térreo têm a mesma quantidade de consultórios, identifique, a seguir, qual planta corresponde ao 1º andar e qual, ao 2º.

Planta do _____ andar   Planta do _____ andar

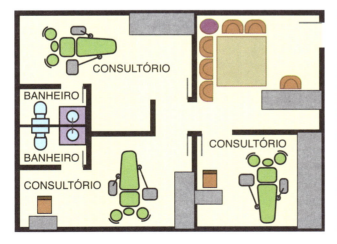 

c) Quantos consultórios, no total, tem essa clínica? _____

d) Qual pavimento tem mais banheiros? _____

trinta e sete 37

Tema 1 | Localização

Coordenadas na malha quadriculada

1 Observe a malha quadriculada e responda às questões.

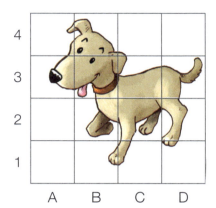

a) Em qual quadradinho está localizado o nariz do cachorro? _____

b) Em qual quadradinho está localizada a língua do cachorro? _____

c) Em quais quadradinhos estão localizados os olhos do cachorro? _____

2 Desenhe na malha quadriculada as frutas conforme a localização indicada.

 ▸ D1

 ▸ A2

 ▸ C5

 ▸ B4

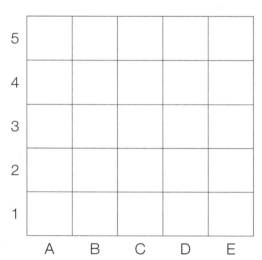

3 Localize e pinte na malha quadriculada as regiões indicadas.

Regiões

A1 – A2 – A3 – B1 – B3 – B4
C2 – C4 – D4 – E2 – E4 – F1
F3 – F4 – G1 – G2 – G3

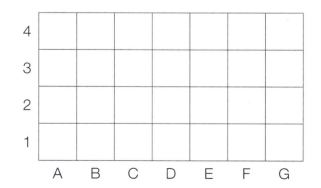

Tema 2 | Movimentação

Caminhos e trajetos

1 Complete.

Carla saiu de A5 e percorreu o trajeto indicado em azul, chegando a G2.

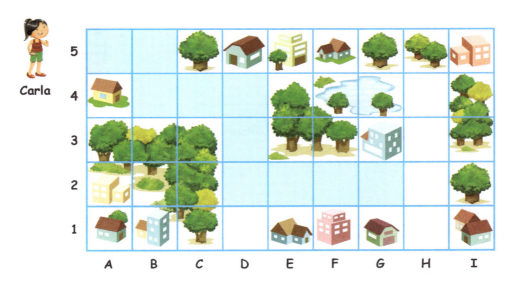

O trajeto percorrido por Carla foi A5, B5, _____ , _____ , _____ , _____ ,

_____ , _____ , _____ e _____ .

2 Observe o mapa e faça o que se pede.

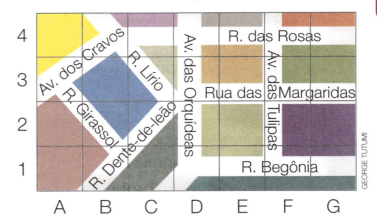

a) A esquina da Rua Girassol com a Avenida dos Cravos está localizada em _____ .

b) Gabriela estava na Avenida das Orquídeas e seguiu em frente, em direção à Rua das Rosas. Entrou à direita na Rua das Rosas e seguiu em frente, até chegar à primeira esquina. Qual é a localização, na malha quadriculada, da esquina a que Gabriela chegou? _____

trinta e nove **39**

Compreender informações

Em uma brincadeira, cada um dos 8 participantes escolhe apenas um número da roleta a seguir.

Responda:

a) Ao girar a roleta, que números são possíveis?
_____
_____

b) Ao girar a roleta, que cores são possíveis?
_____
_____

c) Qual dos números tem mais chance de ser sorteado? _____
_____

d) O participante sorteado receberá um prêmio. De acordo com a cor, receberá:

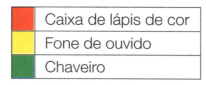

🟥	Caixa de lápis de cor
🟨	Fone de ouvido
🟩	Chaveiro

Algum desses prêmios tem mais chance de ser sorteado? Por quê?
_____

e) Usando as mesmas cores, pinte a roleta ao lado de forma que a cor com mais chance de ser sorteada seja a vermelha e a com menos chance seja a amarela.

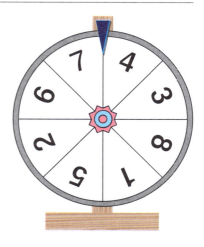

Imagem refletida

Carlos vai se colocar em frente ao espelho, sem alterar a posição em que está segurando a figura com forma de lua.

- Assinale a figura que apresenta a imagem de Carlos refletida no espelho.

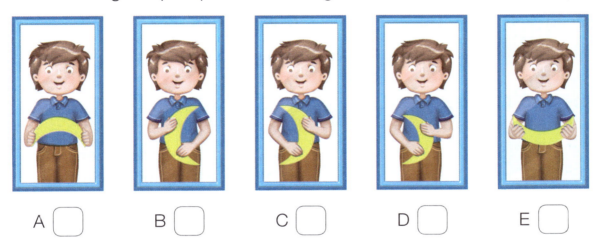

A   B   C   D   E

A sequência

Assinale o quadro que não segue a mesma regra dos outros.

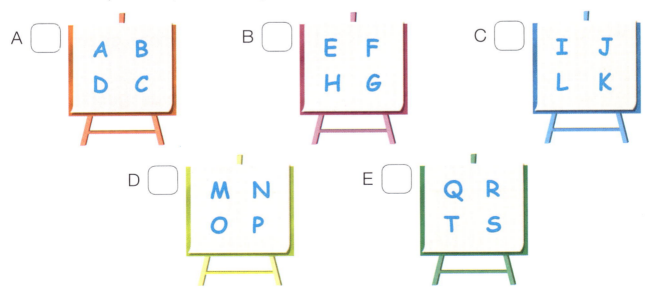

quarenta e um 41

Lembretes

UNIDADE 5 — Multiplicação

2 vezes ou o dobro
Multiplicação ▶ 2 × 5 = 10

3 vezes ou o triplo
Multiplicação ▶ 3 × 4 = 12

4 vezes ou o quádruplo
Multiplicação ▶ 4 × 6 = 24

5 vezes
Multiplicação ▶ 5 × 3 = 15

6 vezes
Multiplicação ▶ 6 × 5 = 30

7 vezes
Multiplicação ▶ 7 × 2 = 14

8 vezes
Multiplicação ▶ 8 × 4 = 32

9 vezes
Multiplicação ▶ 9 × 3 = 27

10 vezes
Multiplicação ▶ 10 × 3 = 30

Ideia de proporção

Com 2 ovos, faço 1 omelete. Quantos ovos são necessários para fazer 4 omeletes?

1 omelete:

4 omeletes:

4 × 2 = 8

Para fazer 4 omeletes, são necessários 8 ovos.

Disposição retangular

 Há 4 fileiras com 5 quadradinhos em cada uma.

4 × 5 = 20

No total, há 20 quadradinhos.

Combinando possibilidades

Vitória tem 3 modelos de blusas e 2 modelos de calça. De quantas maneiras diferentes ela pode usar 1 blusa com 1 calça?

Há 3 possibilidades de escolha de blusa e 2 possibilidades de escolha de calça.

Multiplicação ▶ 3 × 2 = 6

Há 6 maneiras diferentes de combinar 1 blusa e 1 calça.

Adição de parcelas iguais

Adição ▶ 3 + 3 + 3 + 3 = 12

Multiplicação ▶ 4 × 3 = 12

Fator e produto

7 × 4 = 28
(fatores) (produto)

Os números usados na multiplicação são chamados **fatores**.
O resultado da multiplicação é chamado **produto**.

Tema 1 | Lista de multiplicações

2 vezes ou o dobro

1. Calcule e complete.

   a) O dobro de 9 é _____.

   b) 2 × 8 = _____

   c) 2 × 10 = _____

   d) O dobro de 6 é _____.

2. Caíque tem 5 carrinhos. Gabriel tem o dobro da quantidade de carrinhos de Caíque. Quantos carrinhos Gabriel tem?

   Adição ▶ _____ + _____ = _____

   Multiplicação ▶ _____ × _____ = _____

   Gabriel tem _____ carrinhos.

3. Observe a compra que Mariana fez e responda.

   - Leila comprou o dobro da quantidade de cada item que Mariana comprou. Quantas unidades Leila comprou de cada item?

_____ × _____ = _____ _____ unidades	_____ × _____ = _____ _____ unidades
_____ × _____ = _____ _____ unidades	 _____ × _____ = _____ _____ unidades

3 vezes ou o triplo

1 Ligue os quadros que representam quantidades iguais.

27		O triplo de 6
24		3 × 4
18		O triplo de 9
15		3 × 5
12		O triplo de 8

2 Márcia comprou 3 tortas por R$ 10,00. Clara comprou o triplo dessa quantidade de tortas. Quantos reais Clara gastou nessa compra?

Clara gastou _____ reais nessa compra.

3 No primeiro dia de uma campanha de doação de roupas, foram arrecadadas 7 peças. No segundo dia, esse número triplicou. Quantas peças de roupa foram arrecadadas no segundo dia da campanha?

Foram arrecadadas _____ peças de roupa no segundo dia da campanha.

Tema 1 | Lista de multiplicações

4 vezes ou o quádruplo

1 Calcule e complete.

a) 4 × 5 = _____

b) O quádruplo de 4: _____

c) O quádruplo de 9: _____

d) 4 × 6 = _____

e) O quádruplo de 8: _____

f) 4 × 2 = _____

2 Pinte apenas os quadrinhos cujo produto seja 12 ou 24 e finalize o desenho.

2 × 6	2 × 5		4 × 5	2 × 12
3 × 8	3 × 4	8 × 3	12 × 1	12 × 2
1 × 9	9 × 2	4 × 3	3 × 5	4 × 4
2 × 8	1 × 24	6 × 1	4 × 6	5 × 5

3 Juliana está fazendo doces para uma festa e em cada forma ela consegue colocar 4 fileiras com 7 doces. Quantos doces cabem em cada forma?

Em cada forma cabem _____ doces.

quarenta e cinco **45**

5 vezes

1. Complete com 5 vezes o número de cada círculo colorido.

   1 → 5   2 → 10   3 → ☐   4 → ☐   5 → ☐

   6 → ☐   7 → ☐   8 → ☐   9 → ☐   10 → ☐

2. Cada vagão do trem mostra o número de sacos de cimento que estão sendo transportados.

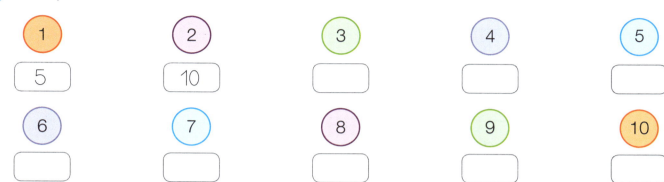

- Quantos sacos de cimento há ao todo no trem?

   _____ × _____ = _____

   Ao todo, há _____ sacos de cimento no trem.

3. Carlos, Pedro e Tiago ganharam caixas para guardar seus soldadinhos. Eles guardaram 5 soldadinhos em cada caixa. Carlos tem 1 caixa, Pedro tem 5 caixas e Tiago tem o dobro do número de caixas de Pedro.

Número de soldadinhos de cada criança

Criança	Número de caixas	Número de soldadinhos
Carlos		
Pedro		
Tiago		

- Complete a tabela acima e descubra quem tem 5 vezes a quantidade de soldadinhos de Carlos. _____

Tema 1 | Lista de multiplicações

6 vezes

1. Complete as adições e multiplicações.

   a) 2 + 2 + 2 + 2 + 2 + 2 = _____ ▶ __6__ × __2__ = _____

   b) 8 + 8 + 8 + 8 + 8 + 8 = _____ ▶ _____ × _____ = _____

   c) 9 + 9 + 9 + 9 + 9 + 9 = _____ ▶ _____ × _____ = _____

   d) 3 + 3 + 3 + 3 + 3 + 3 = _____ ▶ _____ × _____ = _____

2. Observe a ilustração e responda às questões.

   a) Qual é o total de canetas na mesa? _____

   Como você calculou o total de canetas?

   b) Há outra forma de calcular? Qual?

   _____

   _____

   _____

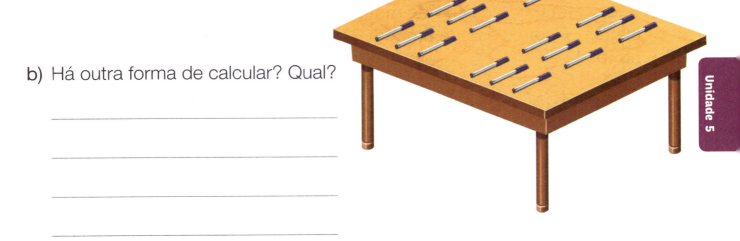

3. Observe a figura e complete.

   O tabuleiro tem _____ fileiras horizontais e _____ fileiras verticais.

   _____ × _____ = _____

   No total, há _____ casas no tabuleiro.

quarenta e sete 47

7 vezes

1. Desenhe e calcule o total.

a)

7 vezes a quantidade de bolinhas acima.

____ × ____ = ____

Há ____ bolinhas.

b)

7 vezes a quantidade de quadradinhos acima.

____ × ____ = ____

Há ____ quadradinhos.

2. Pedro tem uma coleção de moedas guardada em cofres. Sabendo que ele tem 7 cofres e cada um tem 8 moedas, quantas moedas Pedro tem no total?

Adição ▶ _____

Multiplicação ▶ _____

No total, Pedro tem ____ moedas.

3. Calcule o resultado de cada multiplicação.

7 × 0 = ☐   7 × 4 = ☐   7 × 8 = ☐
7 × 1 = ☐   7 × 5 = ☐   7 × 9 = ☐
7 × 2 = ☐   7 × 6 = ☐   7 × 10 = ☐
7 × 3 = ☐   7 × 7 = ☐

8 vezes

Tema 1 | Lista de multiplicações

1. Complete o quadro.

Adição	Multiplicação	Resultado
1 + 1 + 1 + 1 + 1 + 1 + 1 + 1	8 × 1	
2 + 2 + 2 + 2 + 2 + 2 + 2 + 2	×	
6 + 6 + 6 + 6 + 6 + 6 + 6 + 6	×	
7 + 7 + 7 + 7 + 7 + 7 + 7 + 7	×	
9 + 9 + 9 + 9 + 9 + 9 + 9 + 9	×	
3 + 3 + 3 + 3 + 3 + 3 + 3 + 3	×	
4 + 4 + 4 + 4 + 4 + 4 + 4 + 4	×	
8 + 8 + 8 + 8 + 8 + 8 + 8 + 8	×	
10 + 10 + 10 + 10 + 10 + 10 + 10 + 10	×	

2. Em um salão, há 8 mesas com 5 cadeiras em cada uma. Quantas cadeiras há no total?

Adição ▶ _____

Multiplicação ▶ _____

No total, há _____ cadeiras.

3. Douglas usou 8 prateleiras de uma estante para guardar seus livros. Ele colocou 7 livros em cada prateleira. Quantos livros Douglas guardou na estante no total?

Adição ▶ _____

Multiplicação ▶ _____

No total, Douglas guardou _____ livros na estante.

quarenta e nove **49**

9 vezes

1. Juliana faz brigadeiros e vende embalagens com 9 unidades em cada uma. Quantos brigadeiros Juliana precisa fazer para completar 9 embalagens?

Juliana precisa fazer _____ brigadeiros.

2. Humberto deseja comprar 9 pacotes de biscoito. Se cada pacote de biscoito custa 3 reais, quanto Humberto gastará nessa compra?

Humberto gastará _____ reais nessa compra.

3. Complete.

a) 9 × 1 = __9__

b) 2 + 2 + 2 + 2 + 2 + 2 + 2 + 2 + 2 = _____

c) 9 × 5 = _____ + _____ + _____ + _____ + _____ + _____ + + _____ + _____ + _____ = _____

d) 6 + 6 + 6 + 6 + 6 + 6 + 6 + 6 + 6 = _____ × _____ = _____

e) 9 × 7 = _____

f) 9 × 10 = _____

Tema 1 | Lista de multiplicações

10 vezes

[1] Observe e complete.

a)

_____ × _____ = _____   Há _____ reais.

b)

_____ × _____ = _____   Há _____ reais.

c)

_____ × _____ = _____   Há _____ reais.

[2] Calcule o resultado das multiplicações.

10 × 0 =   10 × 6 =
10 × 1 =   10 × 7 =
10 × 2 =   10 × 8 =
10 × 3 =   10 × 9 =
10 × 4 =   10 × 10 =
10 × 5 =

cinquenta e um 51

Adição de parcelas iguais

1. Complete.

   a) 8 + 8 + 8 = 3 × 8 = 24

   b) 9 + 9 = _____ × _____ = _____

   c) 7 + 7 + 7 + 7 = _____ × _____ = _____

   d) 5 + 5 = _____ × _____ = _____

   e) 9 + 9 + 9 + 9 + 9 = _____ × _____ = _____

   f) 7 + 7 + 7 + 7 + 7 + 7 = _____ × _____ = _____

2. Os vendedores de uma loja trabalham no regime de 3 turnos: de manhã, à tarde e à noite. Cada turno tem 9 vendedores, e nenhum deles trabalha em mais de um turno. Quantos vendedores há na loja no total?

   Adição ▶ _____

   Multiplicação ▶ _____

   Há _____ vendedores na loja no total.

3. Observe a ilustração da plantação de alface na horta da escola.

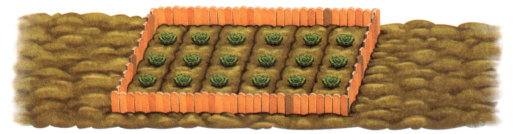

   a) Há quantos pés de alface em cada fileira horizontal? _____

   b) Há quantos pés de alface em cada fileira vertical? _____

   c) Escreva uma multiplicação para representar a quantidade total de alfaces na horta da escola. _____

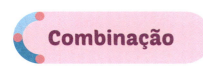

Combinação

Tema 2 | Situações de multiplicação

1. Leia e responda às questões.

   Eric foi à padaria e comprou estes produtos:

   Pão francês   Baguete   Salame   Queijo   Presunto

   a) Ele quer fazer sanduíches com 1 tipo de pão e 1 tipo de recheio. Quais combinações diferentes de sanduíches Eric pode fazer?

   _____

   _____

   b) De quantas formas diferentes é possível montar o sanduíche? Escreva as multiplicações associadas a essas possibilidades.

   _____

2. Um labirinto tem 3 portas de entrada e 3 portas de saída.

   De quantos modos diferentes pode-se entrar nesse labirinto e sair dele?

   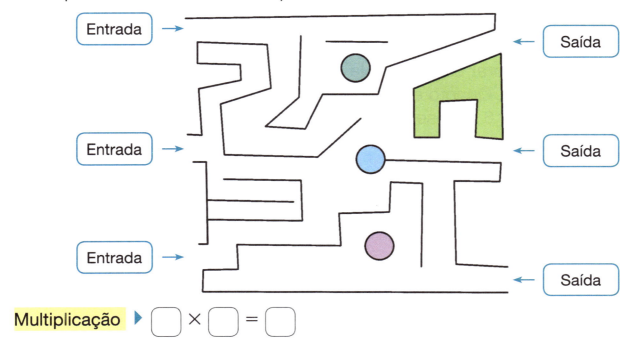

   Multiplicação ▶ ☐ × ☐ = ☐

   Pode-se entrar nesse labirinto e sair dele de _____ modos diferentes.

Ideia de proporção

1. Leia e resolva os problemas. Faça um esquema para representar cada situação.

    a) Paulo sempre toma 2 copos de leite por dia. Em uma semana, ele tomará quantos copos de leite? _____

    b) Para regar 8 flores, Lúcia usou toda a água de um regador que ela encheu. Quantas vezes ela terá que encher o regador para regar 24 flores?

    _____

2. Daniel quer comprar camisetas da promoção ilustrada ao lado. Quanto ele gastará, no total, se comprar 6 camisetas?

    Ele gastará _____ reais no total.

Tema 2 | Situações de multiplicação

2 vezes e vezes 2; 3 vezes e vezes 3...

1 No quadriculado a seguir, pinte 18 quadradinhos de maneira que forme um retângulo.

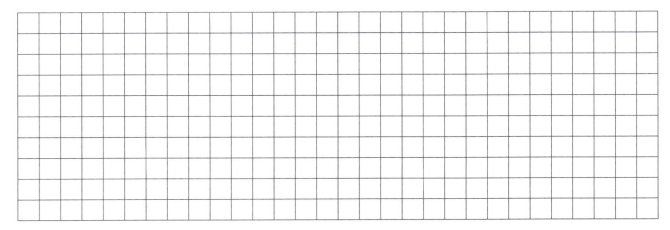

- Agora, compare com as respostas de seus colegas e responda:

   a) Há apenas uma resposta possível? _____

   b) Volte ao quadriculado e coloque, ao menos, mais uma resposta.

   c) Escreva todas as multiplicações de dois fatores que tenham resultado 18.

   _____

2 É sua vez de escolher os números. No mesmo quadriculado acima, pinte um retângulo.

- Agora, responda:

   a) Quantos quadradinhos estão pintados?

   b) Qual multiplicação resulta nesse total de quadradinhos?

   c) Escreva todas as multiplicações possíveis.

3 Assinale apenas as afirmações verdadeiras.

☐ "3 vezes 9" tem o mesmo resultado que "5 vezes 3".

☐ "4 vezes 2" tem o mesmo resultado que "2 vezes 8".

☐ "6 vezes 2" tem o mesmo resultado que "3 vezes 4".

cinquenta e cinco **55**

Tema 2 | Situações de multiplicação

Mais sobre multiplicação

1. Resolva e indique os termos de cada multiplicação.

a) 1 2 ▶ _fator_
   × 3 ▶ _____
   ▢ ▶ _produto_

b) 1 3 ▶ _____
   × 3 ▶ _____
   ▢ ▶ _____

c) 3 2 3 ▶ _____
   ×   3 ▶ _____
   ▢ ▶ _____

d) 1 2 2 ▶ _____
   ×   4 ▶ _____
   ▢ ▶ _____

2. Veja como Samanta organizou sua coleção de ioiôs.

Escreva uma multiplicação que represente a quantidade de ioiôs que Samanta tem.

Depois, identifique os fatores e o produto da multiplicação.

_____ × _____ = _____

Fatores: _____

Produto: _____

3. Resolva o problema com uma multiplicação e identifique seus termos.

Paulo foi ao cinema com um amigo. Se cada um pagou o valor indicado na bilheteria, quanto eles gastaram com ingressos no total?

Eles gastaram _____ reais no total.

Compreender Informações

Veja no gráfico o número de ingressos vendidos por uma rede de cinemas em um final de semana:

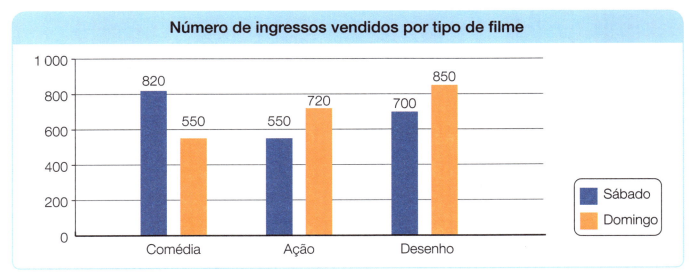

Fonte: Rede de cinemas da cidade.

Complete a tabela ao lado com os valores correspondentes a esse gráfico.

Ingressos vendidos

Dia	Comédia	Ação	Desenho
Sábado			
Domingo			

Caio estava brincando de empilhar cubinhos de madeira. Mesmo não enxergando todos eles, descubra quantos cubinhos Caio usou para montar a peça ao lado.

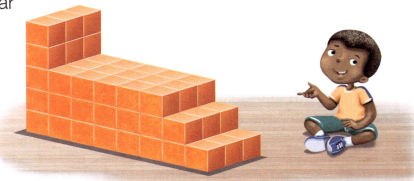

Caio usou _____ cubinhos para montar a peça.

cinquenta e sete

Lembretes — Unidade 6 — Geometria

Planificação

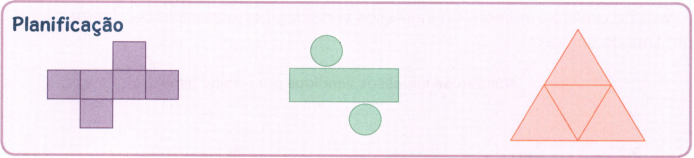

Vértices, faces e arestas

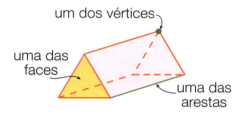

Essa figura tem 6 vértices, 9 arestas e 5 faces.

Cubo e paralelepípedo

O cubo e o paralelepípedo têm 6 faces, 12 arestas e 8 vértices.

O cubo tem todas as faces quadradas.

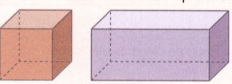

Prismas

As faces laterais dos prismas têm a forma de um retângulo.

As outras duas faces são chamadas de bases do prisma.

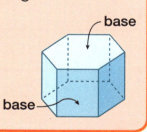

Cilindro, cone e esfera

O cilindro, o cone e a esfera não têm arestas. O cone tem um vértice e o cilindro e a esfera não têm vértices.

Pirâmides

As faces laterais das pirâmides têm a forma de um triângulo. A outra face é chamada de base da pirâmide.

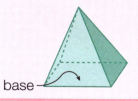

Lados e vértices

O número de lados de uma figura plana é igual ao número de vértices.

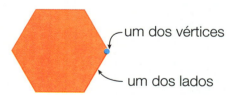

Essa figura tem 6 vértices e 6 lados.

Tema 1 | Figuras geométricas não planas

Os objetos e as figuras geométricas

[1] Considere as seguintes figuras geométricas não planas:

Observe os objetos a seguir e, em cada um deles, coloque o número correspondente à figura com que ele mais se parece.

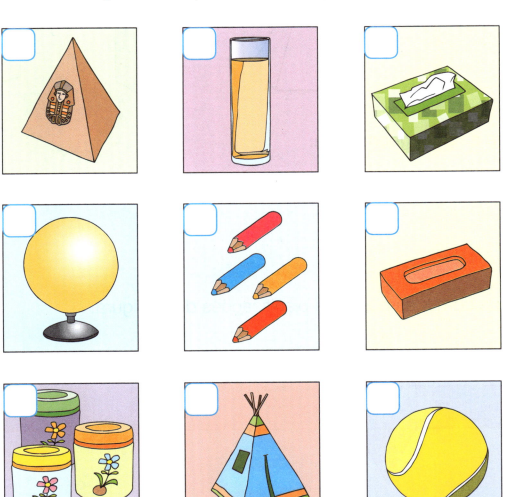

cinquenta e nove **59**

Planificação

1 Observe a planificação que representa uma figura geométrica.

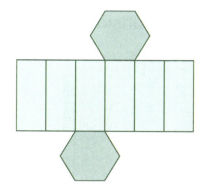

Agora, pinte o modelo de figura geométrica que corresponde à planificação acima.

  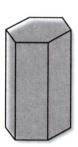 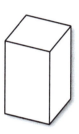

2 Observe a figura geométrica.

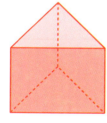

• Marque com X as possíveis planificações dessa figura.

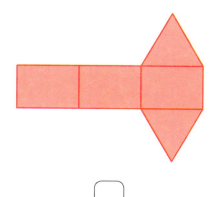 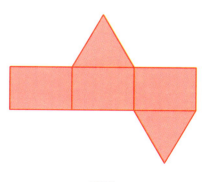 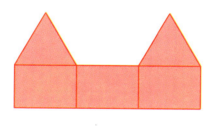

60 sessenta

Tema 1 | Figuras geométricas não planas

Cubo e paralelepípedo

1. Marque com X a afirmação correta.

   ☐ O cubo tem 8 vértices, 8 arestas e 6 faces.

   ☐ O cubo tem 8 vértices, 12 arestas e 6 faces.

   ☐ O cubo tem 8 vértices, 12 arestas e 4 faces.

2. Contorne as embalagens que **não** têm a forma de paralelepípedo.

3. Pinte de laranja a planificação do cubo e de verde a planificação do paralelepípedo.

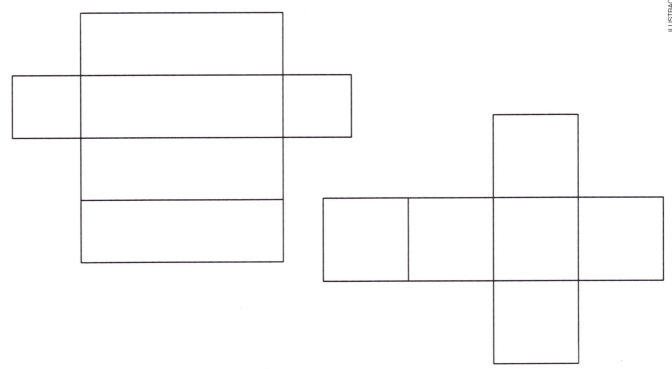

sessenta e um **61**

1 Marque com X a figura que não é um prisma.

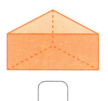 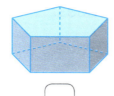 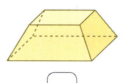 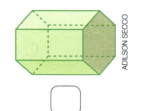

2 Observe o aquário, que lembra um prisma, e responda às questões.

a) Imagine se o aquário se transformasse num prisma. Quantas faces teria esse prisma?

_____

b) Quantas arestas teria esse prisma? E quantos vértices?

_____

3 Observe, ao lado, a vista superior de um prisma e responda às questões.

Vista superior de um prisma

a) Quantos vértices tem esse prisma? _____

b) Quantas arestas tem esse prisma? _____

c) E quantas faces? _____

62 sessenta e dois

Tema 1 | Figuras geométricas não planas

4 Escreva o número de vértices, faces e arestas de cada figura geométrica.

a)

b)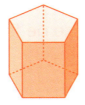

c)

_____

_____

_____

5 Tiago e Roberto estão observando um bloco em forma de cubo. As duas figuras a seguir mostram a mesma cena vista de ângulos diferentes. Sabendo que as faces opostas desse cubo têm a mesma cor, pinte a face em branco da figura à direita.

6 Leia e responda à questão do menino.

_____ + _____ + _____ = _____

sessenta e três 63

Pirâmides

1 Ligue cada pirâmide à quantidade de faces laterais correspondente.

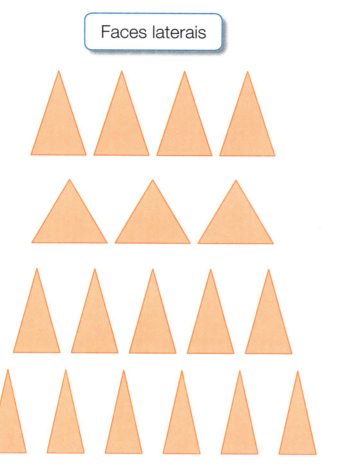

2 Observe as pirâmides e complete.

Quantidade de arestas de algumas pirâmides

Número de arestas da base	3			
Número total de arestas	6			

O número total de arestas de cada pirâmide é o _____ do número de arestas da base.

Tema 1 | Figuras geométricas não planas

Cilindro, cone e esfera

1. Escreva o nome da figura geométrica que pode ser obtida de cada planificação a seguir.

a)  _____

b) 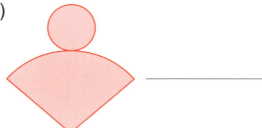 _____

2. Leia as dicas para descobrir a figura e responda às questões.

Dicas
- Tem forma arredondada.
- Tem uma base com a forma de círculo.
- Tem um vértice.

a) Qual é a figura geométrica?

_____

b) Essa figura é plana ou não plana?

_____

3. Leia as questões a seguir e escreva as respostas na cruzadinha.

Verticais

1. Todas as suas vistas são círculos.
2. Figura sem arestas com um vértice.
3. O cilindro tem duas.

Horizontais

4. Todos os prismas têm.
5. Bases do cilindro.

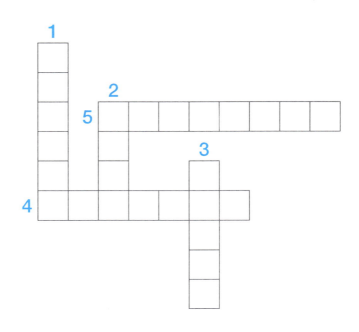

sessenta e cinco 65

Desenhos de figuras

1. Sobre a mesa da sala, a professora deixou as seguintes figuras geométricas:

Observe a fala de cada aluno referente a essas figuras.

Contornando uma das faces dessas figuras, consigo um hexágono.

Para conseguir um círculo, tenho duas opções de figuras para contornar.

Posso obter um quadrado fazendo o contorno das faces de apenas uma das figuras.

Todos estão fazendo afirmações verdadeiras? Explique.

_____
_____
_____
_____
_____

Tema 2 | Figuras geométricas planas

Polígonos

1. Observe esta cena e faça o que se pede.

- As figuras carimbadas por Lucas lembram quais figuras geométricas?

_____   _____   _____   _____

2. Observe as figuras a seguir. Depois, responda às questões.

 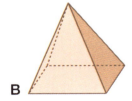 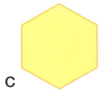 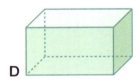

A   B   C   D

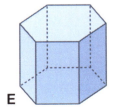  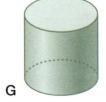 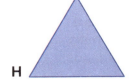

E   F   G   H

a) Quais são figuras planas? _____

b) Quais são figuras não planas? _____

sessenta e sete 67

3) Observe as figuras e complete a tabela.

Número de lados e vértices de algumas figuras

Figuras	Número de lados	Número de vértices

4) Descubra de quais figuras planas Caio e Melissa estão falando.

Caio: A figura tem mais de 3 vértices. Ela tem 5 lados.

Melissa: A figura tem mais de 4 lados. Ela tem 6 vértices.

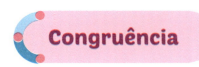

Congruência

1. Observe as figuras e pinte aquelas que são congruentes em cada caso.

a)

b)

c)

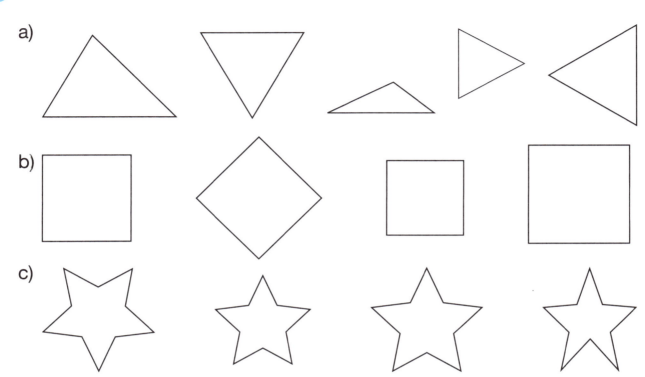

2. Marque com X as figuras que são congruentes à figura azul.

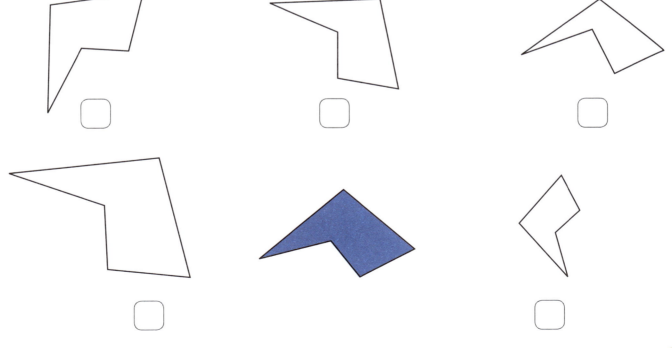

Compreender Informações

Uma rede de farmácias tem 3 lojas e fez uma pesquisa com 30 clientes de cada loja para avaliar o atendimento. Veja na tabela seguinte a resposta dos clientes, por nível de avaliação.

Avaliação do atendimento

Loja	Ótimo	Bom	Regular	Ruim
Loja 1	18	10	2	0
Loja 2	20	9	1	0
Loja 3	10	10	8	2

Fonte: Agência de avalição do cliente.

Responda:

a) Em que loja o atendimento obteve a melhor avaliação? _____

b) Em que loja o atendimento obteve a pior avaliação? _____

c) Considerando as 3 lojas, qual foi o nível de avaliação mais votado? _____

Quebra-Cuca

Observe cada uma das figuras abaixo e marque com X a figura que não representa uma planificação do cubo.

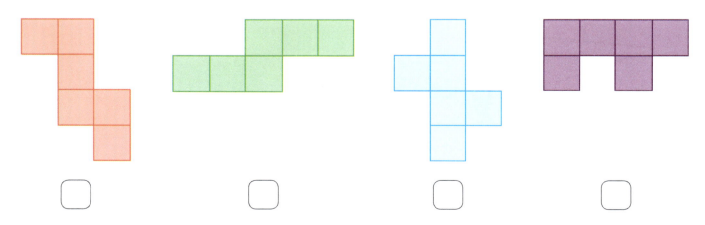

Lembretes

UNIDADE 7 — Mais grandezas e medidas

MEDIDAS DE COMPRIMENTO

Metro, centímetro e quilômetro

Indicamos:

- 1 metro por 1 m
- 1 centímetro por 1 cm
- 1 quilômetro por 1 km

100 cm = 1 m

1 000 m = 1 km

Laura mediu a altura de sua filha com uma fita métrica e descobriu que ela tem 1 metro e 30 centímetros de altura.

COMPARANDO ÁREAS

Nesse mosaico, podemos observar que:

- 2 peças roxas ocupam a mesma área de 1 peça verde;
- 2 peças laranja ocupam a mesma área de uma peça roxa;
- 1 peça verde ocupa o mesmo espaço de 4 peças laranja.

MEDIDAS DE MASSA

Tonelada, quilograma e grama

Indicamos:

- 1 quilograma por 1 kg;
- 1 grama por 1 g;
- 1 tonelada por 1 t.

1 000 g = 1 kg

1 000 kg = 1 t

MEDIDAS DE CAPACIDADE

Litro e mililitro

Indicamos:

- 1 litro por 1 ℓ;
- 1 mililitro por 1 mℓ.

1 ℓ = 1 000 mℓ

setenta e um

Unidades de medida: padronizadas e não padronizadas

1. Leia as afirmações a seguir:

> O passo, o pacote e o copo são exemplos de unidades de medidas não padronizadas.

> O metro, o grama e o litro são exemplos de unidades de medidas padronizadas.

Com suas palavras, explique essas afirmações.

_____

_____

_____

2. Observe as seguintes situações:

Entre as unidades de medidas citadas, quais não são padronizadas?

_____

72 setenta e dois

Tema 1 | Comprimento e área

Medidas de comprimento

1. Descubra a altura de cada criança e complete.

Tatiana tem _____ cm de altura e Ricardo tem _____ cm.

2. Leia e complete.

Joana deseja fazer uma colcha usando retalhos que têm forma de quadrado com lados de medida de 20 centímetros. Ela usará 5 retalhos na largura e 10 no comprimento da colcha.

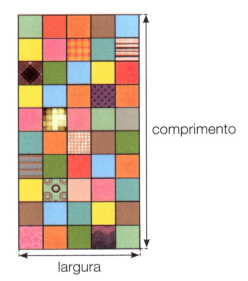

a) A colcha terá _____ centímetros ou _____ metro de largura.

b) A colcha terá _____ metros de comprimento.

3. André está brincando com alguns pedaços de barbante coloridos. Cada pedaço tem 5 cm.

De quantos pedaços de barbante ele precisará para formar 1 metro de comprimento?

André precisará de _____ pedaços de barbante coloridos.

setenta e três 73

4 Expresse as medidas em metros.

a) 1 km e 500 m = __1500 m__

b) Meio quilômetro = _____

c) 4 km e 300 m = _____

d) Sete quilômetros = _____

e) 5 km e 5 m = _____

f) 1 km e 250 m = _____

5 Jaime caminhou 2 horas no domingo. Na primeira hora, ele percorreu 5 quilômetros e, na segunda hora, 4 500 metros. Quantos metros ele percorreu ao todo?

Jaime percorreu ao todo _____ metros.

6 Lívia fez uma pequena viagem. Quando ela saiu de casa, o marcador de quilometragem do seu carro registrava 4 570 km percorridos. Durante a viagem, ela passou por algumas cidades próximas e, quando voltou para sua casa, o marcador registrava 4 740 km. Quantos quilômetros Lívia percorreu em sua viagem? Por quais cidades ela passou?

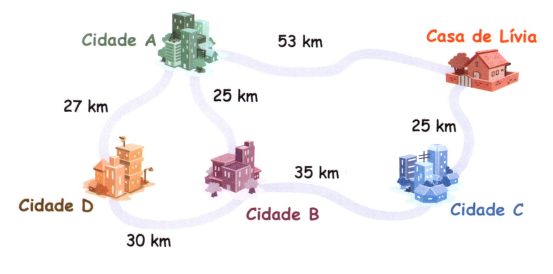

_____

_____

74 setenta e quatro

Tema 1 | Comprimento e área

Comparando áreas

1. Observe o mosaico a seguir.

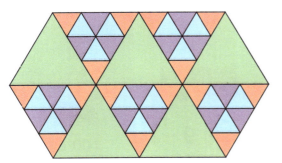

   Responda:
   a) Quantas figuras roxas são necessárias para formar uma figura verde? _____
   b) Quantas figuras rosa são necessárias para formar uma figura verde? _____
   c) Qual figura tem a maior área: rosa, azul ou roxa? _____
   d) Com duas figuras verdes, podemos formar um paralelogramo. Desenhe esse paralelogramo e responda qual é a sua área em quantidade de figuras roxas.

2. Uma porta será revestida por placas coloridas. Veja abaixo as medidas da porta e de cada placa (as ilustrações não estão proporcionais).

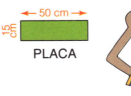

Quantas placas são necessárias para revestir essa porta? _____

setenta e cinco 75

Medidas de massa

1 Calcule quantos gramas de farinha faltam em cada caso, para obter 1 kg de farinha.

a)

Faltam _____ g de farinha.

b)

Faltam _____ g de farinha.

2 Ligue a balança à massa do produto que está dentro da caixa azul em cada caso. As balanças estão em equilíbrio.

1 kg e 300 g   1 kg   500 g

3 Complete.

a) 2 000 g = _____ kg

b) Metade de 1 kg = _____ g

c) 5 kg = _____ g

d) 2 000 kg = _____ t

e) Metade de 1 t = _____ kg

f) 4 t = _____ kg

Tema 2 | Massa e capacidade

Medidas de capacidade

1. Em um copinho plástico, cabem 40 mℓ de café. Com 5 copinhos, enche-se completamente 1 xícara. Para encher uma garrafa térmica são necessárias 2 xícaras cheias. Qual é a quantidade de café, em mililitros, que cabe nessa garrafa térmica?

   Nessa garrafa térmica cabem _____ mℓ de café.

2. Regina preparou suco de caju em uma jarra e encheu 4 copos iguais, sem que houvesse sobra. Se em cada copo cabem 250 mililitros, qual foi a quantidade de suco que Regina fez?

   Regina fez _____ litro de suco.

3. Marque com X a resposta certa.

   Helena convidou 2 amigas para tomar suco em sua casa. Cada uma das 3 meninas tomou 2 copos de suco de 250 mℓ. Qual foi a quantidade total de suco consumida por elas?

   ☐ 1 litro.   ☐ 1 litro e meio.   ☐ 2 litros.

4. Ricardo comprou 2 litros de refrigerante e quer encher copos de 250 mililitros. Quantos copos Ricardo conseguirá encher?

   Ricardo conseguirá encher _____ copos.

setenta e sete

Compreender Informações

Dois irmãos, Tiago e Rafael, fizeram um dado de papelão e o numeraram: em cada uma das faces foi escrito um número par diferente, começando no 2 e terminando no 12.

A partir dessa situação, responda:

a) Quais são os números que podem sair no lançamento desse dado?

_____

b) É verdade que a chance de sair o número 2 é maior do que a de sair o número 12?

_____

c) É verdade que a chance de sair um número maior que 10 é menor que a chance de sair um número menor que 10?

_____

_____

Quebra-Cuca

Marque com X a afirmação certa.

Lata grande

Lata média

Lata pequena

Três latas médias têm a mesma massa que duas latas grandes.

Cinco latas pequenas têm a mesma massa que duas latas grandes.

Quatro latas pequenas têm a mesma massa que três latas médias.

Lembretes

UNIDADE 8 — Multiplicação e divisão

Multiplicação sem reagrupamento

Cálculo por decomposição

```
    3  4           30 + 4
 ×     2        ×       2
 ─────────      ──────────
                60 + 8  ▶ 68
```

Cálculo com o algoritmo usual

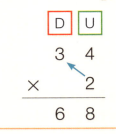

- Melissa calculou 3 vezes 2 unidades e obteve 6 unidades.
- Depois, multiplicou 3 vezes 1 dezena, que resultou em 3 dezenas.
- E, por fim, ela calculou 3 vezes 2 centenas, obtendo 6 centenas.

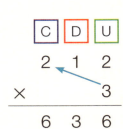

Multiplicação com reagrupamento

Cálculo por decomposição

```
    4  5           40 + 5
 ×     3        ×       3
 ─────────      ──────────
                120 + 15  ▶ 135
```

Cálculo com o algoritmo usual

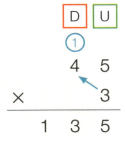

- Primeiro, Caio calculou 4 vezes 2 unidades e obteve 8 unidades.
- Em seguida, calculou 4 vezes 7 dezenas, que é igual a 28 dezenas, o mesmo que 2 centenas mais 8 dezenas.
- Depois, ele calculou 4 vezes 1 centena e obteve 4 centenas, então adicionou mais 2 centenas, que é igual a 6 centenas.

setenta e nove 79

Repartir igualmente

Camila dividiu 12 bombons em 3 caixas. Com quantos bombons cada caixa ficou?

Divisão ▸ $12 \div 3 = 4$

Cada caixa ficou com 4 bombons.

Quantas vezes cabe

Em cada caixa cabem 6 potinhos de guache. De quantas caixas Bruno precisou para guardar 18 potinhos?

Divisão ▸ $18 \div 6 = 3$

Bruno precisou de 3 caixas.

Divisão exata e divisão não exata

Quando o resto de uma divisão é zero, a divisão é exata.

Quando o resto de uma divisão é diferente de zero, a divisão é não exata.

Termos da divisão

```
dividendo ⟶  46 | 7  ⟵ divisor
            − 42  6  ⟵ quociente
               4 ⟵ resto
```

Algoritmo usual da divisão

Dividindo 9 dezenas por 4, obtemos 2 dezenas e resta 1 dezena.

```
 D U
 9 6 | 4
−8     2
 1     D
```

1 dezena e 6 unidades formam 16 unidades.

```
 D U
 9 6 | 4
−8     2
 1 6   D
```

Dividindo 16 unidades por 4, obtemos 4 unidades e resto 0.

```
 D U | 4
 9 6   2 4
−8     D U
 1 6
−1 6
   0
```

Metade

Para calcular a metade de uma quantidade, basta dividi-la por 2.

Terço

Para calcular um terço de uma quantidade, basta dividi-la por 3.

Quarta parte

Para calcular a quarta parte de uma quantidade, basta dividi-la por 4.

Quinta parte

Para calcular a quinta parte de uma quantidade, basta dividi-la por 5.

Décima parte

Para calcular a décima parte de uma quantidade, basta dividi-la por 10.

Tema 1 | Multiplicação

Multiplicação sem reagrupamento

1 Calcule o resultado de cada multiplicação.

a)   1 2
 ×   4

c)   2 3
 ×   3

e)   4 1
 ×   2

b)   2 1 1
 ×   4

d)   2 2 1
 ×   2

f)   2 3 1
 ×   3

2 Os técnicos de basquete, de futebol e de vôlei de um clube solicitaram ao departamento de compras a aquisição de algumas bolas novas. Observe a tabela a seguir e calcule quanto esse clube vai gastar, sabendo que tem que comprar 3 bolas de basquete, 2 de futebol e 6 de vôlei.

Bola	Preço (em reais)
basquete	123
futebol	142
vôlei	100

O clube vai gastar _____ reais.

oitenta e um   **81**

Multiplicação com reagrupamento

Tema 1 | Multiplicação

1. Calcule o resultado das multiplicações.

a)   1 6
   ×   5

b)   1 2 6
   ×   3

c)   3 7
   ×   2

d)   2 8 1
   ×   2

e)   1 4
   ×   8

f)   1 1 8
   ×   4

2. A balança de pratos está em equilíbrio. Qual é a massa do tênis?

A massa do tênis é _____ gramas.

3. Caio comprou um álbum de figurinhas com 8 páginas. Em cada página, ele colou 16 figurinhas. Quantas figurinhas Caio colou, no total, para preencher o álbum?

Caio colou, no total, _____ figurinhas para preencher o álbum.

Tema 2 | Divisão

Repartir igualmente

1 Leia, observe a figura e complete.

A professora Tânia distribuiu igualmente entre seus 3 alunos todas as caixinhas que você vê na ilustração ao lado.

A professora Tânia tem _____ caixinhas.

Divisão ▶ _____ ÷ _____ = _____

Após distribuir as caixinhas entre seus alunos,

cada um ficou com _____ caixinhas.

2 Observe o calendário e responda às questões.

a) Quantos dias tem o mês de dezembro? _____

b) Quantas semanas completas há no mês

de dezembro? _____

c) Escreva a divisão cujo quociente é o número de semanas completas desse mês.

3 Distribua os balões igualmente entre as crianças. Depois, desenhe os balões a que cada criança tem direito.

a) 12 balões entre 3 crianças.   b) 18 balões entre 6 crianças.

oitenta e três 83

Quantas vezes cabe

1 Vanessa gastou 42 reais na compra de pacotes de ração para hamster a 6 reais cada um. Quantos pacotes de ração Vanessa comprou?

_____

2 Responda às questões.

a) Quantas cédulas de são necessárias para obter ?

_____ ÷ _____ = _____

São necessárias _____ cédulas de .

b) Quantas cédulas de são necessárias para obter ?

_____ ÷ _____ = _____

São necessárias _____ cédulas de .

c) Quantas cédulas de são necessárias para obter ?

_____ ÷ _____ = _____

São necessárias _____ cédulas de .

3 Pinte e complete conforme a orientação.

As duas paredes ilustradas abaixo serão cobertas por figuras formadas por 4 azulejos quadrados, como o modelo a seguir. Quantas dessas figuras serão usadas em cada uma das paredes? Complete a divisão e pinte cada figura de uma cor nas duas paredes.

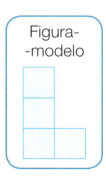

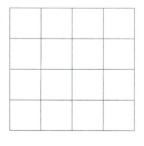

16 ÷ 4 = _____

24 ÷ 4 = _____

Tema 2 | Divisão

Divisão exata e divisão não exata

1. Classifique cada divisão em exata ou não exata.

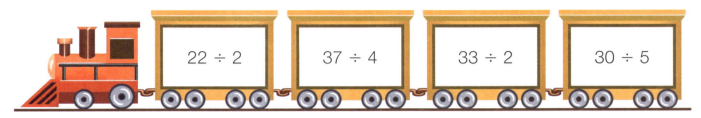

22 ÷ 2   37 ÷ 4   33 ÷ 2   30 ÷ 5

_____   _____   _____   _____

2. Um professor de tênis quer distribuir 17 bolinhas igualmente entre seus 3 alunos. Desenhe as bolinhas que cada um receberá e responda.

a) Quantas bolinhas cada aluno receberá? _____

b) Sobrarão bolinhas? _____ Quantas? _____

   17 ÷ _____ = _____ e sobram _____

3. Calcule mentalmente e ligue cada cálculo ao resultado correto.

25 ÷ 5   10

30 ÷ 3   dá 6 e sobra 1

18 ÷ 4   5

13 ÷ 2   dá 4 e sobram 2

oitenta e cinco

Divisão por estimativas

1 Leia e complete.

Iara tem de embalar 98 velas em caixas de 3 unidades cada uma. De quantas caixas ela vai precisar? Sobrarão velas?

> Estimo que vou precisar de 20 caixas para embalar 98 velas.
>
> __20__ × __3__ = _____
>
> __98__ − _____ = _____
>
> Ainda falta embalar _____ velas.

> Estimo que vou precisar de 10 caixas para embalar essas 38 velas.
>
> __10__ × __3__ = _____
>
> _____ − _____ = _____

> Ainda falta embalar _____ velas.
>
> Para as 8 velas, precisarei de _____ caixas
>
> e sobrarão _____ velas.
> Agora, vou adicionar os quocientes parciais para descobrir de quantas caixas precisarei:
>
> _____ + _____ + _____ = _____

Iara precisará de _____ caixas e sobrarão _____ velas.

2 Faça estimativas e encontre o quociente de cada divisão.

a) 36 ÷ 3 = _____

b) 95 ÷ 5 = _____

c) 54 ÷ 3 = _____

86 oitenta e seis

Tema 2 | Divisão

Algoritmo usual da divisão

1. Calcule os quocientes das divisões.

a) 6 2 | 9

b) 5 7 | 6

c) 3 1 | 8

d) 9 9 | 6

e) 9 2 | 4

f) 7 0 | 5

g) 7 8 | 3

h) 9 1 | 7

i) 7 3 | 2

2. Para alimentar as 72 aves de sua granja, Gustavo gasta 4 cestos iguais de ração por dia. Se todas as aves comem a mesma quantidade de ração diariamente, quantas aves ele pode alimentar com cada cesto? _____

oitenta e sete 87

3 Calcule o resultado das divisões e identifique seus termos.

a) 18 ÷ 6 Dividendo ▶ _____
Divisor ▶ _____
Quociente ▶ _____
Resto ▶ _____

c) 46 ÷ 5 Dividendo ▶ _____
Divisor ▶ _____
Quociente ▶ _____
Resto ▶ _____

b) 14 ÷ 8 Dividendo ▶ _____
Divisor ▶ _____
Quociente ▶ _____
Resto ▶ _____

d) 54 ÷ 7 Dividendo ▶ _____
Divisor ▶ _____
Quociente ▶ _____
Resto ▶ _____

4 Complete o quadro.

Divisão	Dividendo	Divisor	Quociente	Resto
15 ÷ 3	15	3	5	0
38 ÷ 5				
29 ÷ 4				
30 ÷ 5				
26 ÷ 6				

5 Leia o problema, desenhe e complete.

Adriana tem 14 cerejas para distribuir igualmente entre 3 bolos. Desenhe as cerejas em cada bolo.

Cada bolo ficará com _____ cerejas e sobrarão _____ cerejas.

Tema 2 | Divisão

Dividindo centenas

1. Calcule o quociente e o resto das divisões.

a) 2 5 7 | 2

b) 3 5 6 | 3

c) 3 0 0 | 4

d) 3 1 0 | 5

e) 4 8 6 | 6

f) 6 8 6 | 7

g) 4 2 4 | 8

h) 3 8 0 | 9

i) 6 9 3 | 9

2. A escola onde Erika estuda está organizando uma gincana. Para essa gincana se inscreveram 548 crianças, que serão separadas em grupos de 4 crianças cada um. Quantos grupos serão formados?

Poderão ser formados _____ grupos.

oitenta e nove 89

3. Escreva as divisões pedidas usando os números em azul como dividendos e os números em verde como divisores.

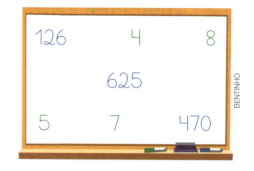

a) Uma divisão cujo quociente comece com 9.

b) Uma divisão cujo quociente seja maior que 60 e menor que 70.

c) Uma divisão cujo quociente comece com 1 e o resto seja 0.

4. Leia e resolva.

Feira de animais
Adote um animal e seja feliz!
Venha escolher um bichinho de estimação.
Temos cães, gatos, coelhos e *hamsters* de diversas raças e tamanhos.
Todos estão vacinados e muito bem cuidados!
Eles esperam por você! Não deixe de vir.
Data: de 10 a 16 de março – Local: Parque das Flores
Horário: das 9 às 17 horas – Ingresso: 6 reais

a) No sábado, a arrecadação com os ingressos rendeu 438 reais. Quantas pessoas foram à feira nesse dia?

b) No domingo, a arrecadação foi de 744 reais. Quantas pessoas entraram na feira?

Tema 2 | Divisão

Metade e terço

1. O gráfico abaixo mostra o número de aparelhos eletrônicos comprados em maio de 2019 pela rede de lojas É Demais!. Sabendo que, no mês seguinte, essa rede recebeu somente a metade da quantidade de cada produto, determine quantas unidades as lojas É Demais! receberam de cada produto.

No mês seguinte, a rede de lojas É Demais! recebeu

_____ TVs, _____ filmadoras, _____ DVDs e _____ celulares.

2. Amanda quer comprar uma roupa que custa 225 reais, mas só conseguiu juntar um terço desse valor. Quanto Amanda conseguiu juntar? Quanto ainda falta?

Amanda conseguiu juntar _____ reais e ainda faltam _____ reais para poder comprar a roupa.

noventa e um

3 Em uma fábrica de lápis de cor, havia 84 lápis para serem embalados, mas aconteceu um acidente e um terço deles quebrou. Quantos lápis quebraram? Quantos lápis sobraram?

Quebraram _____ lápis e sobraram _____ para embalar.

4 Leia as informações de cada uma das crianças sobre o passeio ao parque de diversões realizado pela escola.

Na fila do carrossel, havia 48 crianças e no brinquedo cabia apenas a metade.

Juliana

Na roda-gigante, havia 36 crianças e um terço delas usava óculos.

Danilo

No total, 126 crianças foram ao passeio. Um terço delas foi ao trenó aquático.

Mariana

Metade do total de crianças que foram ao passeio bebeu suco de laranja.

Felipe

Agora, responda às questões.

a) Quantas crianças cabiam no carrossel?

_____

b) Das crianças que estavam na roda-gigante, quantas usavam óculos? _____

c) Quantas crianças brincaram no trenó aquático?

_____

d) Quantas crianças beberam suco de laranja?

_____

92 noventa e dois

Tema 2 | Divisão

Quarta parte, quinta parte e décima parte

1 Mateus foi ao mercado com 360 reais e gastou da seguinte maneira:
- A quarta parte em produtos de limpeza
- A quinta parte em frutas e legumes
- A décima parte em biscoitos e pães

Ligue os produtos ao valor gasto correspondente:

Produtos de limpeza	20 reais
Frutas e legumes	36 reais
Biscoitos e pães	50 reais
	72 reais
	90 reais
	150 reais

2 Para premiar os participantes de uma gincana, a escola arrecadou balas. A décima parte das balas arrecadadas vai para uma equipe e a quinta parte vai para outra equipe. O que sobrar ficará guardado para a próxima gincana.

Considerando essas informações, responda:

a) É mais justo que a equipe campeã ganhe a décima parte ou a quinta parte das balas? Explique. _____

b) Se foram arrecadadas 240 balas, quantas balas ficarão para a próxima gincana? _____

noventa e três 93

Compreender Informações

Veja a tabela de preços dos ingressos de um parque, de acordo com o dia da visita e a idade do visitante.

Faixa etária	DIA DA SEMANA Valores em reais		
	Quartas e quintas	Sextas e sábados	Domingos
Até 12 anos	5,00	6,00	7,00
De 13 a 59 anos	10,00	12,00	14,00
A partir de 60 anos	4,00	5,00	6,00

O gráfico a seguir indica a quantidade de ingressos vendidos em uma semana.

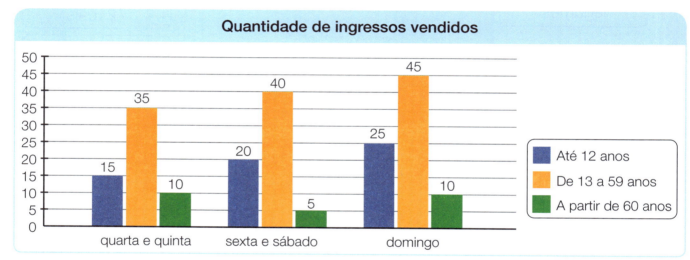

- Observando a tabela e o gráfico, responda:

  a) Qual(is) é(são) o(s) dia(s) mais barato(s) para visitar o parque? _____

  b) Na quarta e na quinta, o parque vendeu quantos ingressos para crianças de até 12 anos? Quanto arrecadou com essa venda? _____

  c) No domingo, quanto o parque recebeu com a venda dos ingressos mais baratos? _____

  d) Como é possível saber o valor total arrecadado na sexta e no sábado? Deixe apenas o cálculo indicado; não é necessário calcular o resultado final. _____

As frutas

Os irmãos Felipe, Rafael e Gustavo adoram mamão, banana e maçã, mas, no café da manhã, cada um come apenas um tipo de fruta e os três comem frutas diferentes entre si. Contorne as duas possibilidades repetidas e desenhe a que está faltando.

Café da manhã

Felipe	Rafael	Gustavo
banana	mamão	maçã
mamão	banana	maçã
maçã	banana	mamão
mamão	maçã	banana
banana	mamão	maçã
maçã	mamão	banana

noventa e cinco 95

A divisão do quintal

O quintal de Francisco, que está quadriculado, deve ser dividido em duas partes de mesmo tamanho. Pinte uma das partes com a cor vermelha e a outra com a cor azul. Cada quadradinho deve ser pintado com uma única cor.

Entregas

O supermercado Compre Aqui recebe, todo mês, caixas de molho de tomate, que são entregues por 4 caminhões. Cada caminhão transporta 75 caixas. Cada caixa contém 9 latas de molho de tomate. Quantas latas de molho de tomate o supermercado recebe ao todo mensalmente?

O supermercado recebe ao todo _____ latas de molho de tomate mensalmente.